# ALPHABET
## des Contes des Fées

EPINAL,
IMPRIMERIE-LITHOGRAPHIE DE PELLERIN ET Cie,
Fournisseurs brevetés de S. M. L'Impératrice.

1866

A B C D E F
G H I J K L
M N O P Q R
S T U V X Y Z
1 2 3 4 5 6 7 8 9 0

Il y avait une fois un roi qui possédait un âne qui, au lieu de fumier, rendait de l'or.

L'épouse de ce roi, avant de mourir, lui fit promettre de n'épouser qu'une princesse plus belle qu'elle.

La reine étant morte, le roi voulut épouser sa fille, mais celle-ci alla trouver la fée des Lilas sa marraine pour qu'elle lui donnât le moyen d'échapper à son père.

D'après les conseils de sa marraine, la jeune princesse demanda à son père la peau de son âne.

Le roi la lui ayant accordée, elle s'enfuit aussitôt, et couverte de la peau de l'âne, elle alla garder les moutons pour cacher sa beauté et échapper aux poursuites de son père.

Un jour que Peau d'âne avait mis sa robe couleur de soleil pour se parer, elle fut aperçue par le fils du roi qui aussitôt devint amoureux d'elle.

Le roi fit venir Peau d'âne et lui commanda un gâteau pour son fils.

Peau d'âne en faisant le gâteau y laissa tomber sa bague qui était d'un grand prix.

En mangeant le gâteau, le fils du roi trouva la bague de Peau d'âne.

Il déclara alors à son père qu'il n'épouserait que la personne qui pourrait mettre la bague.

On essaya la bague à toutes les filles du royaume, mais aucune ne put l'entrer à son doigt.

Peau d'âne s'étant présentée à son tour, il se trouva que la bague lui allait à merveille.

La fée des Lilas déclara au fils du roi le rang de Peau d'âne.

.e fils du roi épousa Peau d'âne et à l'occasion de leur mariage il y eut
; fêtes splendides.

Peau d'âne ayant été trouver son père lui demanda pardon de s'être enfuie; le roi revenu à de meilleurs sentiments lui pardonna, et ils vécurent très heureux.

| ba | be | bi | bo | bu | Pa | pe | pi | po | pu |
| Ca | ce | ci | co | cu | Qua | que | qui | quo | quu |
| Da | de | di | do | du | Ra | re | ri | ro | ru |
| Fa | fe | fi | fo | fu | Sa | se | si | so | su |
| Ga | ge | gi | go | gu | Ta | te | ti | to | tu |
| La | le | li | lo | lu | Va | ve | vi | vo | vu |
| Ma | me | mi | mo | mu | Xa | xe | xi | xo | xu |
| Na | ne | ni | no | nu | Za | ze | zi | zo | zu |

www.ingramcontent.com/pod-product-compliance
Lightning Source LLC
Chambersburg PA
CBHW061006050426
42453CB00009B/1289